*Mein
LeseBilderbuch*

Liebe Eltern,

jedes Kind ist anders. Eines kennt bereits alle Buchstaben in der Vorschule und kann sie zu Worten formen. Ein anderes lernt das ABC beim Eintritt in die Schule. Für das spätere Leseverhalten ist das völlig unerheblich. Wichtig aber ist der Spaß am Lesen – und zwar von Anfang an. Darum muss sich die konzeptionelle Entwicklung von Lesetexten an den besonderen Lernentwicklungen des einzelnen Kindes orientieren.
Wir haben deshalb für unser Bücherbär-Erstleseprogramm verschiedene Reihen für die Vorschule und die ersten beiden Schulklassen entwickelt. Sie bauen aufeinander auf und holen die unterschiedlich entwickelten Kinder dort ab, wo sie sind.

Die Bücherbär-Reihe **Mein LeseBilderbuch** richtet sich schon an Kinder im Vorschulalter. Die Namenwörter werden durch Bilder ersetzt, was auch leseunkundigen Kindern das „Mitlesen" ermöglicht und sie neugierig macht. Ein Extra-Heft mit Rätseln zum Textverständnis und Stickern zum Mitmachen regen zum Gespräch über die Geschichte an. Denn Kinder, die viel Gelegenheit zum Sprechen haben, lernen auch schneller lesen.

Maria Seidemann / Hans-Günther Döring

Hilfe für den kleinen Delfin

Dieses Buch gehört

ANDI

2. Auflage 2011
© Arena Verlag GmbH, Würzburg 2013
Alle Rechte vorbehalten
Einband und Innenillustrationen von Hans-Günther Döring
Gesamtherstellung: Westermann Druck Zwickau GmbH
ISBN 978-3-401-09793-0

www.arena-verlag.de

Maria Seidemann / Hans-Günther Döring

Hilfe für den kleinen Delfin

Arena

Es war einmal eine

am , die war so schön,

dass die

aus der ganzen  kamen,

um sie zu sehen.

 umgaben die .

Überall standen prächtige .

Dazwischen wuchsen

und unzählige .

Große weiße  lagen im .

Das  glänzte in der .

Die  saßen unter den

und beobachteten die ,

die in den   sprangen und spielten.

Weiter draußen vor der schönen

standen die  der armen .

In so einer

wohnte Pedro  mit seiner .

Oft ging  frühmorgens zum .

Er suchte  oder

und sammelte angeschwemmtes

für den .

Manchmal half er auch einem  ,

sein  auszuladen.

„Ich gehe ans ",

sagte  zu seiner .

Die  antwortete:

„Geh bitte auch in den ,

und kaufe ! Hier hast du !"

 nahm seinen kleinen

und lief los.

Aber er kam nicht dazu,

 oder  zu sammeln.

Da lag etwas im  !

Es war grau und bewegte sich.

„Ein kleiner  !", rief .

„Was machst du denn hier im ?"

Der  zuckte mit dem

und schaute ihn an,

als ob er etwas sagen wollte.

 wusste, dass

nur im  leben können.

Er dachte: Der  darf nicht

auf dem  liegen bleiben,

sonst muss er sterben!

„Warte, ich helfe dir!",

sagte  zu dem kleinen .

Er versuchte,

ihn zurück ins  zu schieben.

Aber obwohl der  so klein war,

schaffte  es nicht allein.

Kein  war zu sehen,

der ihm hätte helfen können.

Plötzlich fiel  etwas ein.

Ich habe doch den ,

damit fahre ich ihn ins !

Er packte den

und zog ihn auf den .

Dabei sah er, dass der

am  verletzt war.

 überlegte: Der  blutet!

Wenn ich ihn ins  zurückwerfe,

kommt vielleicht ein  geschwommen.

Er riecht das  und frisst den  .

Nein, ich bringe den  zum .

 tauchte seine  ins

und bedeckte damit den ,

damit er nicht austrocknete.

Der  wohnte

in einem großen

auf dem  .

 lief mit dem  los.

Er sorgte sich sehr,

denn der

sah richtig krank aus.

Vielleicht ist er hungrig,

dachte  .

Er wusste, dass

 fressen.

Aber wo sollte er mitten in der

 bekommen?

Im   natürlich!

Er sollte doch sowieso  kaufen.

Schnell zog  den

bis zum  .

Der  gehörte

einer sehr dicken  .

„Ich möchte ein  und einen  ",

sagte  und gab

der dicken  sein  .

„Das reicht aber nicht",

antwortete die dicke  .

„Entweder ein  oder ein  ."

„Ich nehme den  ", sagte  .

Die dicke  schaute den kleinen

mit gierigen   an.

„Verkauf mir doch den !

Ich könnte ihn gut gebrauchen!"

Aber  schüttelte den .

Er konnte sich denken,

was die dicke

mit dem  machen wollte!

„Von dem  für den

könntest du dir  kaufen!",

rief die dicke .

Aber 🧒 hatte den 🏪

schon verlassen.

Als der 🐬 den 🐟 gefressen hatte,

ging es ihm gleich besser.

 lief weiter.

Unter den  standen .

Da saßen schön gekleidete ,

sie tranken , aßen

und betrachteten die

auf dem .

Auf einmal hörte

 und .

Da stand ein  !

Wie gerne hätte

durch ein

in das  gespäht

und die , die

und den  gesehen!

Aber wer stand denn da vor dem ?

Das war doch der

mit seinem dunklen

und dem  in der !

„Komm her!", rief der

und winkte  mit seinem  .

Zögernd ging  zu dem  .

„Gib mir den  !",

verlangte der  .

Ich lasse ihn auf dem  tanzen

und durch einen

brennenden  springen.

Was verlangst du für den  ?

Möchtest du die  sehen?

Und die  ?

Oder willst du  ?"

„Ich verkaufe den  nicht",

antwortete .

„Er ist verletzt und muss zum ."

Der  hob seinen .

„Wenn du mir den  nicht gibst,

verzaubere ich dich!"

So schnell er konnte, rannte

mit seinem

von dem  fort.

Der  war schwer,

der  war steil.

Schließlich kam

oben am  an.

Er fand das  und klingelte am .

„Was willst du?", fragte der  .

„Der  ist verletzt!", sagte .

Der  lachte.

„Ich behandle nur ,

keine !"

Aber  bat und bettelte,

bis sich der

den  anschaute.

Er untersuchte den verletzten .

Dann fragte er: „Hast du überhaupt ?"

Nein,  hatte kein  mehr.

Er hatte doch den  gekauft!

„Aber ich könnte ihren  mähen!"

Der  war damit einverstanden.

 mähte den .

Der  war sehr groß.

Bald fing  an, zu schwitzen.

Die  begann schon, zu sinken,

als er endlich fertig war.

„Ich habe dem

den verletzten  genäht",

sagte der  .

„Aber jetzt muss er

schnell wieder ins  .

Ich behalte ihn hier in meinem  ."

 schüttelte den  .

Bestimmt würde sich der

in dem  sehr einsam fühlen!

Der  versuchte,

 zu überreden.

„Meine   werden im

 mit ihm spielen!

Wenn du willst,

gebe ich dir  für den !"

Aber  entgegnete:

„Der  gehört ins ,

wo die anderen  sind."

Als  mit seinem  wieder am  vorbeikam,

stand die dicke  davor.

Sie unterhielt sich mit einem ,

der neben der  von  wohnte.

„Willst du mir den  nicht doch verkaufen?",

rief die dicke .

„Gleich schließe ich den ,

dann bekommst du heute

kein 🍞 mehr!"

„Der  ist nicht zu verkaufen",

sagte  .

Der   verabschiedete sich

von der dicken  und ging

neben  her.

„Gehst du heim zu deiner ?",

fragte der .

„Der  ist wohl ziemlich schwer?

Komm, wir ziehen ihn gemeinsam."

 erzählte dem ,

wie er den verletzten  gefunden

und zum  gebracht hatte.

Wie er das  für den

ausgegeben hatte.

Und dass er nun kein  kaufen konnte.

„Ich habe gerade ein  gekauft",

sagte der .

„Du hast mir schon so oft geholfen,

mein  auszuladen.

Heute helfe ich dir.

Ich schenke dir ein halbes  .

Dann kommst du nicht

mit leerem  zu deiner  ."

Gemeinsam zogen sie den

über den  bis dicht ans .

Dort kippten sie den  um,

sodass der kleine

ins  rutschte.

Der  schwamm sofort davon.

Aber auf einmal

drehte er sich um

und schwenkte seine ,

als ob er  winken wollte.

„Sieh doch, er lacht!",

sagte der  .

„Der kleine  will dir danken,

weil du ihn gerettet hast!"

Die Wörter zu den Bildern

Stadt

Blumen

Meer

Schiffe

Leute, Menschen

Hafen

Sonne

Welt

Delfin

Berg

Wellen

Haus

Hütte

Häuser

Pedro

Palmen

Mutter

Muscheln		Sand	
Krabben		Schwanz	
Holz		Mensch	
Herd		Hai	
Fischer		Blut	
Boot		Doktor	
Laden		Jacke	
Brot		Fisch	
Geld		Frau	
Wagen		Augen	

Kopf		Mantel	
Tische		Zauberstab	
Wein		Hand	
Geigen		Reifen	
Trompeten		Tor	
Zirkuszelt		Rasen	
Loch		Wasser	
Pferde		Pool	
Seiltänzerin		Kinder	
Zauberer		Flossen	

VORSCHULE / 1. KLASSE

Wir lesen zusammen

Du bist mein bester Freund, kleiner Delfin
978-3-401-70022-9

Der König geht zum Monsterball
978-3-401-09688-9

Nelli traut sich und sagt NEIN!
978-3-401-09794-7

Mit Fremden geh ich niemals mit!
978-3-401-09894-4

Jeder Band: Ab 5/6 Jahren • *Wir lesen zusammen* • Durchgehend farbig illustriert
64 Seiten • Gebunden • Format 17,5 x 24,6 cm

Mit Bücherbärfigur am Lesebändchen, Leserätseln und großem Suchbild

Symbol zum Selbstlesen auf den Kinderseiten

Große Fibelschrift und kurze Zeilen

Viele farbige Bilder

Innenseite aus »Du bist mein bester Freund, kleiner Delfin«

Nach dem Buchstabenlehrgang macht zusammen Lesen und Vorlesen mehr Spaß. Leserätsel erleichtern das Leseverständnis, das Suchbild regt dazu an, die Geschichte nachzuerzählen. Denn Kinder, die viel sprechen, lernen leichter lesen.

In Zusammenarbeit mit westermann